DU RÉPUBLICANISME EN FRANCE EN 1885

PAR

LARDEN

PARIS
E. DENTU, LIBRAIRE ÉDITEUR
PALAIS-ROYAL, 15-17-19, GALERIE D ORLEANS

1885

DU REPUBLICANISME EN FRANCE

EN 1885

PARIS
IMPRIMERIE DE G. BALITOUT ET Ce
rue Baillif, 7.

DU RÉPUBLICANISME
EN FRANCE
EN 1885

PAR

LARDEN

PARIS
E. DENTU, LIBRAIRE-ÉDITEUR
PALAIS-ROYAL, 15-17-19, GALERIE D'ORLÉANS

1885

DU RÉPUBLICANISME

EN FRANCE

EN 1885

La République est devenue depuis quinze ans le gouvernement de la France. Le dix-neuvième siècle a vu, à bien des reprises, ce pays faire l'expérience d'un nouveau régime : une seule fois un ordre de choses reconnu a succombé après un essai de plus courte durée. Au bout de quinze ans d'existence chacun des précédents gouvernements, quoique bien près de la catastrophe où allait sombrer sa fortune, avait cependant obtenu un résultat très appréciable : pour la grande majorité du pays il s'était placé au-dessus de toute discussion. En est-il ainsi aujourd'hui de la forme républicaine ? C'est ce qu'il serait singulièrement hasardeux d'affirmer. Que les adversaires du régime actuel le contestent, c'est tout naturel : ils sont dans leur rôle. Chose plus extraordinaire, parmi ceux qui revendiquent particulièrement le titre de républicains, l'inquiétude à cet égard est continuellement visible. Un membre du parti républicain se glorifiera volontiers des succès électoraux de la cause qui lui est chère. Mais, s'il doit apprécier les dispositions de chacun de ses compatriotes, la méfiance et le soupçon se trahissent aussitôt dans ses jugements. Des classes entières lui sont suspectes, et même les classes les plus nombreuses, l'agriculteur, le commerçant, le soldat. Il a le clergé en aversion. Le barreau est pour lui un objet de méfiance. Les fonctionnaires sont espionnés sans relâche et sommés de déployer un zèle qu'on n'avait jamais exigé d'eux. Personne n'est assez républicain aux yeux du vrai républicain : inquiet comme le tyran d'une petite cité de l'antiquité grecque ou de l'Italie au moyen âge, il n'est occupé qu'à exercer un ostracisme inexorable dans les rangs de ses propres coreligionnaires. On ne peut se le dissimuler, le républicanisme en France est un cercle qui va en se rétrécissant. N'est-ce point pourtant le contraire qui devrait se produire ? Quel est le régime qui a été en butte à moins d'attaques ? Quel est celui qui n'a rencontré des adversaires plus actifs et plus entreprenants? Si le régime républicain se sent menacé et ébranlé, ce n'est certainement pas aujourd'hui par le fait de ceux auxquels il n'est point sympathique. Il faut donc en venir à cette conclusion que, si le républicanisme s'affaiblit en France, ce déclin est uniquement l'œuvre des républicains. Résultat bizarre et qui mérite d'être sérieusement étudié dans ses causes, dans ses manifestations les plus sensibles, dans les effets auxquels il peut aboutir.

I

Ce n'est un secret pour personne qu'avant les désastres de 1870 l'opinion républicaine n'était en France que celle d'une assez faible minorité. Tombé fortuitement en République, le pays a été gouverné pendant plusieurs années par des hommes qu'il n'est jamais venu à l'esprit de qui que ce soit de prendre pour des républicains. Dominant dans l'Assemblée de 1871, ils ont paru quelque temps maîtres des destinées du pays, mais n'ayant pu, par des causes sur lesquelles il n'y a pas lieu de revenir ici, constituer le régime politique qui avait leurs préférences, n'ayant su d'ailleurs mener à bien aucune des mesures qu'on pouvait attendre d'eux, ils n'ont point tardé à devenir profondément impopulaires, et, on peut le dire, autant aux yeux de leurs propres partisans qu'à ceux de leurs adversaires eux-mêmes.

Favorisé par une conjoncture aussi inattendue, le parti républicain grandissait au contraire chaque jour en force et en popularité ; conduit avec une habileté prudente, il profitait de toutes les fautes de ses antagonistes et effaçait en même temps les préventions dont il était l'objet. Il avait de plus pour lui un avantage inappréciable : il semblait l'incarnation de l'ordre légal existant, d'un régime dont la durée se trouvait assurée par l'impuissance avouée de ses adversaires eux-mêmes. La France, qui n'avait pas choisi la forme républicaine, en prenait son parti, comme d'une chose devenue nécessaire et qu'il ne fallait plus voir que par ses bons côtés.

Pour tout homme capable de réfléchir froidement, les institutions humaines, quelles qu'elles soient, sont toujours accompagnées de certains avantages qui leur sont naturels, et mêlées d'inconvénients à elles également propres. On peut espérer l'atténuation de ces côtés fâcheux. Il peut arriver également que les caractères les meilleurs d'une institution viennent à lui faire défaut : elle perd en ce cas ses plus justes droits aux sympathies qui sans cela s'attacheraient nécessairement à elle.

Il semble que l'avantage le plus inhérent au régime monarchique soit celui de la stabilité. Cependant ce bien n'existe qu'en apparence et pour un terme très court dans une monarchie qui repose sur l'élection et non sur l'hérédité. Aussi toute monarchie élective est-elle sujette à de fréquentes convulsions; les discordes civiles n'y sont jamais sincèrement apaisées ; la sécurité n'y règne qu'en apparence. Une pareille monarchie ne possède pas en réalité les plus salutaires attributs du régime monarchique.

On peut dire également que le propre du gouvernement républicain, son côté le meilleur et le plus séduisant, est d'être particulièrement favorable au développement de la liberté publique. Il y a toutefois une distinction à faire. On peut donner le nom de liberté au résultat des garanties qui préservent chaque citoyen de l'oppression ; on peut l'appliquer aux moyens que possède la grande masse d'un peuple de faire respecter ses intérêts, prévaloir ses idées, prédominer ses sentiments. Dans le premier cas, c'est la liberté civile ; dans le second, la liberté politique. Il suffit d'un instant de réflexion pour comprendre que ces deux sortes de liberté peuvent très aisément avoir des intérêts en conflit, car il est souvent arrivé et il arrivera inévitablement que la grande majorité d'une nation pourra désirer l'adoption de mesures dont l'effet sera oppressif pour des citoyens ou même pour certaines classes tout entières.

Il est difficile de mettre en doute que la liberté civile ne soit mieux garantie dans une monarchie entourée d'institutions représentatives que dans une république. Quand une mesure entraînant des conséquences oppressives est devenue populaire, elle a peu de chances de rencontrer d'obstacle sous le régime républicain. Un monarque hésitera à attacher son nom à un acte dont la responsabilité morale reposera inévitablement sur lui et dont sa mémoire restera à tout jamais chargée.

Ce qu'on est plutôt en droit d'attendre de l'état républicain, c'est une tendance constante à faire prévaloir les intérêts, les désirs, les volontés du plus grand nombre sur les intérêts spéciaux et les vues particulières d'une minorité. Si cette formule si plausible, si séduisante, du *gouvernement du pays par le pays* devait jamais être l'expression exacte d'une vérité, il semble que ce serait à la République de la réaliser. Sans aucun doute l'espoir de voir un aussi beau programme trouver son application dans les faits a été un des mobiles qui ont gagné le plus d'adhérents aux idées républicaines et le plus contribué à faire triompher en France le parti avancé.

Ces espérances ont-elles été remplies? A-t-on vu, depuis que le gouvernement du pays est entre les mains du parti républicain, prédominer les sentiments de la grande majorité des Français sur ceux du petit nombre? Le bien public a-t-il fait oublier les vues personnelles et les passions exclusives d'un cercle restreint d'hommes de parti? A-t-on vu prospérer les intérêts des classes les plus nombreuses, ou ceux des personnages les plus influents? Questions délicates, dont la solution résoudra le problème des sentiments qui germent dans le cœur de la majorité des Français à l'endroit du républicanisme.

Si nous passons en revue toutes les mesures de quelque importance prises par le gouvernement de la République depuis sept ans, nous serons forcés de constater qu'elles ont eu toutes un caractère commun; c'est que pour la grande masse du public elles étaient singulièrement imprévues. Elles n'avaient pas été réclamées par le vœu général; dans bien des cas personne ne supposait qu'il pût en être question. A peine quelques mois, quelques semaines, quelques jours d'avance, des articles de journaux, que leurs lecteurs parcouraient avec surprise, venaient-ils préparer les esprits les mieux disposés à accueillir les actes qu'on méditait en secret. Quand ils venaient à éclater au grand jour, répondaient-ils du moins aux intérêts et aux vœux du plus grand nombre? Il suffit de se demander combien de Français ont vu avec plaisir l'invasion de la Tunisie ; combien se sont félicités de l'expédition du Tonkin et de la guerre de Chine. Sur dix mille de nos compatriotes, on n'en eût peut-être pas trouvé un seul qui osât en manifester le désir. Chez les plus chauds partisans du pouvoir l'impression dominante a été celle de la surprise et de l'inquiétude. Ces entreprises n'ont pu être tentées qu'à la condition de n'être pas connues d'avance. Si on avait pu les prévoir, les réclamations universelles de l'opinion soulevée les eussent, dès le début, rendues impossibles.

Le gouvernement intérieur du pays a-t-il été dirigé d'après un autre principe ? Là on s'est, il est vrai, préoccupé de suivre les inspirations d'un esprit de parti : a-t-on montré le moindre égard pour les sentiments du grand nombre ? Qui pourrait l'admettre ? Le caractère le mieux accusé de cette politique intérieure a été constamment la guerre au catholicisme qui est cependant la religion reconnue de trente-cinq millions de Français. Dans quel but ? pour complaire aux passions fanatiques de quelques athées. Combien sont-ils en France ? Quand la statistique a permis de les compter, il s'en est trouvé quatre-vingt-deux mille. Allons jusqu'à supposer que le nombre de ceux-ci se trouve décuplé. Quelle infime minorité pour dicter ses lois au plus grand nombre ! C'est pourtant afin de la satisfaire que toutes les mesures législatives ont été élaborées. Pour lui être agréable on a voté la loi du divorce que la plupart des populations françaises voyaient avec répugnance et dégoût, que réclamaient ceux-là seulement qui voulaient y trouver la consécration de leurs désordres.

Y avait-il en France une institution plus universellement appréciée que l'inamovibilité de la magistrature ? Ceux-là seulement désiraient y porter atteinte que le mobile d'un intérêt personnel y poussait. Cet intérêt a cependant tout dominé : le sentiment général, le respect dû aux intérêts et aux vœux de l'immense majorité de la nation, c'était trop peu pour être pris en compte.

Les hommes du gouvernement ne se sont jamais demandé ce que voulait la France, mais seulement ce que la France pourrait endurer. La limite de leurs entreprises n'a été que celle de la résignation qu'ils présumaient pouvoir en attendre. Peu leur importait de froisser le sentiment général, pourvu qu'ils donnassent satisfaction au petit nombre de ceux dont les sympathies ont eu seules quelque valeur à leurs yeux. Pour eux leur parti a été tout, le reste de la France rien.

La conséquence de cette marche suivie par le gouvernement républicain a été celle-ci : le régime de la République n'a pas eu pour le peuple français le genre d'avantage qui semble lui être propre et qu'on pouvait le plus légitimement attendre de lui.

C'est là un phénomène remarquable et dont les conséquences peuvent être assez sérieuses pour qu'il soit utile de scruter à la fois les causes qui lui ont donné naissance et les manifestations qu'il a produites. Il importe de savoir si l'inaptitude qu'a montré le parti républicain à s'assimiler les idées, les sentiments et les aspirations qui prédominent dans la nation française tient à des causes purement accidentelles, et s'il y a des motifs raisonnables d'espérer qu'il suive à l'avenir une meilleure voie.

II

Les années écoulées entre la chute de l'Empire et les élections qui ont donné un triomphe complet au parti républicain, ont été pour celui-ci une période d'extrême activité et de luttes incessantes. Pour écarter les suffrages des candidats conservateurs sur lesquels ils s'étaient généralement portés en 1871, les efforts d'une propagande infatigable ne se ralentirent pas un moment et n'oublièrent pas le moindre hameau. Dans la capitale, dans les plus grandes villes, la presse quotidienne en fut le principal et le plus actif instrument. Mais les journaux, lors même qu'ils pénètrent dans les campagnes, n'y exercent pas à beaucoup près une aussi puissante influence. Les journalistes vivent dans une sphère d'idées trop différente de celles qui ont cours au milieu des champs, pour que leur langage y soit toujours compris ou y conserve un grand empire. Le parti républicain trouva le plus puissant auxiliaire pour suppléer à l'effet de la presse dans l'organisation d'agents politiques innombrables dont l'action devint bientôt sensible sur tous les points du territoire. Dans chaque bourg, dans les villages les plus reculés, des orateurs de café eurent la mission de répandre sans relâche tous les propos de nature à exciter les craintes les plus vives sur les maux infinis qu'allait déchaîner sur le peuple le retour généralement attendu de la monarchie.

L'habitant des campagnes est singulièrement crédule. Tout le vieil arsenal des absurdes légendes et des folles terreurs dès longtemps exploitées fut non sans succès mis de nouveau en usage. La résurrection de tous les abus de l'ancien régime, la dîme, les droits féodaux furent représentés comme l'accompagnement obligé de la royauté. Mille enjolivements ingénieux vinrent orner ce thème : l'usage des sabots allait seul être permis ; on ne pourrait plus circuler que muni d'un billet de confession ; le laboureur serait attaché à sa charrue et forcé de remplir l'office de bête de somme pour la plus grande joie du propriétaire. Des contes, qui semblent ne pouvoir éveiller qu'une douce gaieté, étaient répandus partout et écoutés avec stupeur par le paysan naïf. Ce n'était pas assez : il fallait surtout détourner son vote des hommes qui avaient son estime, l'obtenir pour d'autres auxquels il n'accordait ni considération, ni confiance. Sous quelles odieuses couleurs les premiers n'étaient-ils pas représentés ! A quelles imputations stupides n'étaient-ils pas en butte ! On eût dit qu'il y avait en chacun d'eux l'étoffe d'un tyran de mélodrame.

Il est à peine utile d'observer que les agents d'une pareille propagande n'étaient pas précisément choisis dans ce que le parti républicain renfermait de plus respectable. Quiconque était tombé dans assez d'écarts pour se fermer toute carrière honnête, l'homme sans crédit, sans probité, sans mœurs, sans honneur, était celui qui s'offrait le plus volontiers à remplir cette mission et ses offres n'étaient jamais repoussées. Ainsi fut constitué un personnel nombreux ; cent mille agents, deux cent mille peut-être furent mis en œuvre et le résultat des élections vint bientôt témoigner de l'activité de leur zèle et de l'efficacité de leurs démarches.

On se demandera sans doute si un vil esprit de parti ne nous fait pas représenter injustement ces utiles coopérateurs de l'action républicaine sous de trop noires couleurs. Sans doute tout agent électoral du républicanisme n'était pas nécessairement choisi dans le rebut de l'ordre social, et plus d'un homme d'ailleurs irréprochable s'employa assidûment pour les intérêts de la cause qui lui était chère. Cependant la vérité oblige à constater que les agents les moins scrupuleux se sont d'ordinaire montrés les plus utiles. Quant à la classe où ils étaient trop souvent recrutés, un fait permettra d'apprécier le peu d'exagération de ce qui vient d'être dit à cet égard.

Lorsque le ministère du Seize-Mai dut se retirer devant l'échec que lui avaient infligé les élections générales, M. Dufaure reprit possession du ministère de la justice, dont

M. Savary dirigea l'administration en qualité de sous-secrétaire d'Etat : il se prenait alors pour un homme politique et était encore accepté comme tel. Un de ses premiers soins fut d'adresser aux membres du parquet de plusieurs ressorts, sinon de tous, l'injonction de mettre fin à toute poursuite dont un agent électoral du parti républicain serait l'objet. En ce qui concerne les délits dont la lutte électorale avait été l'occasion, une semblable mesure témoignait déjà de peu de scrupule, et offrait un singulier contraste avec les procédés des hommes du Seize-Mai, qui, malgré toutes les accusations élevées contre eux, n'ont jamais hésité à traduire devant les tribunaux ceux de leurs agents dont un acte frauduleux avait été constaté. Mais on alla plus loin : cette amnistie secrète, inavouée autant qu'inavouable, s'étendit aux délits de droit commun. Elle amena un résultat bizarre ; plusieurs tribunaux correctionnels des départements du Midi restèrent inoccupés, tant étaient nombreux les justiciables soustraits à leur juridiction comme agents électoraux du parti vainqueur.

Ce serait un tort de reprocher trop sévèrement au parti républicain la médiocre honorabilité de ceux qui furent ses instruments. Quand il s'agit de faire une besogne malpropre, on ne peut pas se montrer très difficile dans le choix des hommes qu'on y emploie. Le mal réel, le mal sérieux, c'est qu'un personnel où figuraient tant d'individualités peu recommandables, après avoir servi au triomphe du parti de la République, a conservé sur lui la plus puissante, la plus durable infleunce.

Ce n'est pas tout pour un député que d'être parvenu au but de son ambition et de siéger parmi les législateurs du pays. Il sait que son mandat a un terme et se préoccupe d'avance des moyens de le voir renouveler. Sur qui compterait-il, si ce n'est sur ceux qui furent les artisans de son premier succès ? Pourrait-il leur déplaire impunément ? Ne s'exposerait-il pas à perdre toute popularité dans son arrondissement, à être rejeté comme un instrument incapable de rendre les services qu'on attendait de lui, peut-être flétri comme un traître, stigmatisé du nom de réactionnaire, le dernier terme de l'horreur? Quelles que soient les inspirations de la raison, les réclamations de la conscience, il est rivé à ce joug odieux : il doit prendre pour les désirs de ses commettants les volontés de ce qu'il y a parmi eux de moins estimable.

Aussi, rien n'est plus curieux que d'entendre le langage de certains députés républicains. Ils ont beau réclamer les mesures les plus impopulaires, les plus notoirement répulsives aux idées et aux sentiments d'une immense majorité, même chez les populations les plus républicaines, ils n'en invoquent pas moins sans hésitation la volonté du peuple. C'est que, pour eux, le peuple français n'est pas composé des neuf millions d'électeurs qui jouissent de leurs droits politiques; il ne se trouve pas non plus dans les trois ou quatre millions de votants dont les suffrages se sont portés sur les élus républicains : les mobiles auxquels ils ont obéi, les procédés dont l'emploi les a entraînés, ne sont point un mystère pour leurs représentants; aux yeux de ceux-ci, le vrai peuple, le seul peuple, l'incarnation de la nation française toute entière, ce sont les cent cinquante ou deux cent mille citoyens actifs dont les efforts ont fait triompher la cause et sur qui l'on compte encore pour renouveler cette victoire.

C'est ainsi qu'en dépit des caractères qui semblent appartenir plus particulièrement en propre au régime républicain, la république en France fonctionne pour le plus grand bonheur d'une infime minorité, et relègue les intérêts, les besoins et les aspirations du plus grand nombre des Français au rang des quantités négligeables.

Ce n'est pas l'unique souci du régime républicain que de

satisfaire ses partisans les plus zélés. Il travaille sans relâche à en éclaircir le nombre, et cette œuvre d'élimination lui est imposée, tout comme la tendance générale qu'il manifeste, par les éléments impurs qui le dominent.

Les nombreux agents de propagande, qui l'ont servi si utilement sur tous les points du territoire, ont cessé de trouver le même aliment pour leur activité. Evoquer le fantôme de l'ancien régime n'est plus de mise le lendemain de la victoire et d'une victoire qu'il faut faire croire éternelle. Ce n'est plus la peur des adversaires qu'il s'agit d'inspirer aux électeurs : c'est devant les républicains qu'ils doivent trembler aujourd'hui. C'est par les inspirations d'une crainte salutaire que la constance de leurs votes doit être désormais assurée. Une surveillance vigilante s'étendra d'un bout de la France à l'autre. Malheur au fonctionnaire, à l'homme qui dépend, n'importe à quel titre, de la machine administrative, s'il donne lieu à un soupçon ; si ses parents, ses amis, ses relations peuvent être signalés comme suspects. Chaque agent électoral se trouve changé, par une rapide métamorphose, en un espion, en un délateur. Pour utiliser tant d'aptitudes policières, le soin de surveiller les anciens partis est devenu une tâche tout à fait insuffisante. Que reste-t-il à dénoncer dans les monarchistes qu'une attente rendue difficile à incriminer par une patience à toute épreuve? L'attente est un délit de nature bien insaisissable puisqu'elle ne se constate par aucune sorte de manifestation. Heureusement pour ceux dont la vocation pour l'espionnage aurait eu de la peine à trouver son emploi, une carrière nouvelle s'est ouverte à leur activité. La guerre au cléricalisme est venue la leur fournir.

III

Si jamais une conception politique a porté le cachet de l'insanité, cela s'est rencontré dans le plan formé par les chefs du gouvernement d'un grand pays d'entretenir une guerre sourde, mais incessante, contre des croyances admises en principe par la presque totalité de la nation qu'ils avaient à régir. On a vu plus d'une fois des gouvernants faire la guerre aux opinions religieuses d'une minorité; ils s'en sont toujours mal trouvés. S'il y avait une excuse à faire valoir en leur faveur, elle ne serait fondée que sur l'état d'hostilité habituelle régnant alors entre les diverses confessions dans l'Europe toute entière. Il en est autrement aujourd'hui. La tolérance en matière de conscience est entrée dans le droit commun de toutes les nations civilisées; celles-là même qui ne le sont pas se voient forcées de se résigner tous les jours davantage à en subir les effets. Qui aurait jamais cru que dans ce siècle, en un pays où l'intervention du pouvoir dans le domaine du for intérieur a toujours été particulièrement odieuse, on en viendrait à considérer la moindre adhésion publique aux croyances d'une immense majorité comme une cause de suspicion, comme un symptôme d'hostilité envers le parti dominant?

En effet, il n'y a pas à se le dissimuler, aux yeux de la portion militante du parti républicain, catholicisme et cléricalisme sont deux termes synonymes. C'est dire beaucoup trop peu: christianisme et cléricalisme sont une seule et même chose. Mieux que cela, toute croyance à une action providentielle démontre que celui qui en est atteint n'est au fond qu'un clérical. Or, le cléricalisme, c'est l'ennemi. Le sentiment du fanatisme semblait mort en France ; on a su le faire renaître, et c'est pour caresser les plus tristes instincts d'une infime minorité qu'on a cherché à le surexciter contre les idées qui règnent dans la nation presqu'entière.

Qu'une pareille déclaration de guerre ait été l'œuvre de la passion et non le résultat des calculs d'une politique prévoyante, c'est ce dont la plus courte réflexion suffit à faire sentir l'évidence. On peut se demander si les hommes marquants qui ont eu l'initiative de la lutte, ont obéi à leurs sentiments personnels ou à une connaissance approfondie des haines qui fermentaient dans les bas-fonds de leur parti. Cette dernière alternative est de beaucoup la plus probable. Sur ce point, comme sur tant d'autres, l'élément actif, mais véreux du républicanisme, a dominé le parti tout entier.

Il n'y avait assurément aucune ombre de motif pour entrer en collision avec ce qui existe de sentiments religieux dans le pays. Chez les diverses républiques qui ont vécu ou qui prospèrent encore en plusieurs contrées, aux Etats-Unis par exemple, le catholicisme n'a jamais été une occasion de conflits plus que sous le régime monarchique. Mais si le catholicisme n'a rien d'hostile à la République, les doctrines catholiques, les enseignements du christianisme en général, ont quelque chose de très offensant pour certains républicains. Une religion qui commande les bonnes mœurs et la probité prend à leurs yeux le caractère d'une insulte personnelle. Comment régner sans partage sur les esprits de populations imbues de pareilles maximes ? Toutes les passions politiques qu'on s'efforce de leur inculquer ne sont-elles pas toujours exposées à s'évanouir devant une simple comparaison ? celle des hommes qui les professent et que souvent le peuple n'estime pas, des hommes qu'on veut lui représenter comme des ennemis et que pourtant il honore.

Ce qu'on a voulu atteindre en combattant le catholicisme, ce n'a été ni une hiérarchie, ni un clergé, ni une foi spéculative : on a prétendu miner l'influence des enseignements moraux de l'Évangile. Pour les gens imbus des doctrines décevantes d'une fausse philosophie, le sens moral est un produit factice de l'éducation qu'une autre éducation peut éliminer. Ils ne comprennent pas que le sentiment du bien et du mal moral a des racines si profondes dans la nature humaine que les membres de notre race auxquels il est resté le plus complètement inconnu, en subissent l'ascendant aussitôt qu'il leur est révélé ; ceux-là, qui se refusent le plus à en accepter l'empire en ce qui les concerne eux-mêmes, ne s'en montrent pas moins jaloux d'en exiger le respect de la part des autres. Voilà l'élément qu'on voudrait exclure du cœur de l'homme. Entreprise chimérique autant que détestable ! Elle peut faire des victimes, jamais elle n'obtiendra les résultats qu'elle a en vue. Destinée aux déceptions, elle est en même temps condamnée à se cacher sous un voile hypocrite.

Déclarer ouvertement la guerre au catholicisme, c'eût été échouer dès le premier instant en un pays où trente-six millions de Français tiennent à se dire catholiques. Annoncer la lutte comme dirigée contre le cléricalisme était infiniment plus adroit. Le désir de voir le clergé se renfermer dans la sphère de ses fonctions est un sentiment général en France ; la crainte de l'en voir sortir est une préoccupation assez répandue depuis quelques années. Il y a quarante ans cette appréhension n'eût point été comprise et un cri de guerre contre le cléricalisme n'eût éveillé aucun écho. Depuis lors un mouvement d'idées s'est produit bruyamment dans les rangs du clergé et d'une partie de ses amis les plus zélés ; l'opinion du public a par suite été sensiblement modifiée.

Il s'est trouvé un journaliste, sorti des rangs de la classe la plus étrangère à tout sentiment religieux, qui, revenant un jour à la foi chrétienne, vint mettre au service du catholicisme une verve infatigable et un habile emploi de toutes les ressources d'une polémique aggressive et sans scrupule. Se disant étranger à tous les partis politiques, en caressant tour à tour les préjugés et les passions, il prétendait ne servir que les intérêts, sinon de la religion, du moins de l'Église. Sous cette nouvelle bannière il recrutait de nombreux adhérents et les animait d'une ardeur fière de ne plus connaître les lois de la prudence. Pour lui, aucune assertion n'était excessive, aucune prétention n'était trop outrée; dès qu'elle semblait choquante à ses adversaires, elle était pleine de charmes pour lui. Il avait l'art d'enchérir par l'acrimonie de son langage sur la nature exorbitante de ses théories. Une partie du clergé goûtait avec bonheur les enseignements de ce nouvel évangéliste qui attisait chez ses disciples les passions haineuses avec autant de soin que les leçons des Apôtres en mettaient à les réprimer. Les membres les plus éminents de l'Église n'échappaient pas à ses censures; leur langage semblait empreint de tiédeur, leur orthodoxie était mise en suspicion. Cette coterie bruyante, à charge aux hommes les plus dévoués aux intérêts religieux, se donnait comme la représentation la plus vraie et la plus pure du catholicisme et aux yeux d'une partie du public, l'enveloppait tout entier dans les préventions suscitées par les violences et l'amertume dont elle se nourrissait.

Combattre le cléricalisme était donc, pour bien des gens, faire la guerre non à la religion catholique, mais à un système d'exagérations compromettantes et injustifiables. C'est à la faveur de ce subterfuge qu'on est entré dans une voie dont tout le monde n'a pas, au début, compris la gravité. Les hommes se laissent trop souvent conduire avec des mots; mais le genre d'habileté qui consiste à faire passer des mesures inacceptables sous un titre annonçant tout autre chose, a un succès dont la durée est nécessairement limitée. La réalité finit par éclater à tous les yeux. Les mots eux-mêmes perdent leur signification propre et empruntent celle qu'on leur a indûment imposée. On essaierait aujourd'hui inutilement en France de faire passer la guerre au cléricalisme pour ce qu'elle était censée représenter il y a un petit nombre d'années.

Avant d'entrer dans l'exposé des étranges conséquences auxquelles on s'est laissé conduire par ce nouveau programme, il est indispensable de faire remarquer la profonde transformation qu'il a opérée dans le parti républicain. Du moment qu'il a été convenu que la république n'avait pas de pires ennemis que les cléricaux, tout républicain est devenu suspect à son propre parti s'il a laissé voir quelques traces d'un sentiment religieux. Pour peu qu'il témoigne de respect à ce qu'il y a de plus respectable, qu'il se montre fidèle à ses principes en continuant à défendre la liberté de conscience, qu'il cherche à conserver l'estime de tous et à maintenir de bons rapports avec ceux de ses concitoyens qui n'applaudissent pas à la guerre faite à la religion, il est certain de passer pour un suppôt de la réaction. Le dévoûment le plus ancien à l'opinion républicaine, la persécution endurée pour cette cause, rien ne peut le mettre à l'abri de la suspicion. En revanche, un adhérent à la république de la date la plus fraîche a pu s'être signalé par un zèle des plus outrés pour le régime impérial ou pour toute autre cause monarchique : il est admis à bras ouverts comme parfait républicain s'il a donné confiance en la solidité de ses principes par quelque trait d'improbité notoire ou d'infamie bien avérée. Tant il est vrai qu'en combattant l'esprit religieux, c'est aux bases de la moralité elle-même qu'on déclare forcément la guerre.

IV

Le début de la campagne fut la suppression des établissements d'instruction secondaire tenus par des ordres religieux : la fermeture des autres maisons occupées par ces congrégations n'en fut que l'accessoire. Cette mesure eut un caractère bien remarquable, qui fut le mépris hautement proclamé de toute règle légale. Après avoir beaucoup parlé de lois existantes, comme il s'agissait en réalité de tenir pour non avenues des lois en vigueur, votées par une Assemblée républicaine et jusque-là respectées, sans pouvoir invoquer autre chose que des documents sans valeur, tels que des arrêts de Parlements de l'ancien régime, dont pas un tribunal ne pouvait accepter l'autorité, on se jeta effrontément dans l'abus de la force. On oublia à la fois, et le principe de l'égalité des Français devant la loi, auquel depuis 1789 nul n'avait songé à porter atteinte, et les garanties les plus élémentaires qui assurent le repos et la sécurité du citoyen dans toutes les contrées civilisées. On s'engagea dans une voie dont la subversion de la magistrature devait être le terme.

Ce qui décida l'adoption de mesures aussi violentes, ce qui permit de les mettre impunément à exécution, c'est qu'on n'atteignait ainsi qu'une classe peu nombreuse. En privant certaines familles riches, ou d'autres moins fortunées dans une douzaine de villes, de l'éducation qu'elles préféraient donner à leurs enfants, on commettait envers elles une injustice que le peuple presqu'entier voyait avec une profonde indifférence, et dont la plus grande partie du public ne comprenait nullement la portée. A ceux que ne contentait pas l'éducation des lycées, ne restait-il pas encore bien d'autres établissements libres? Pourquoi s'adresser précisément à des ordres religieux dont l'existence en France ne semblait pas régulièrement reconnue? Fort peu d'hommes en ont bien saisi les motifs, dont la valeur est pourtant des plus sérieuses.

Il serait certainement injuste d'incriminer en bloc l'instruction donnée par le corps universitaire. Ce sera pour lui un honneur, qu'il ne se laissera pas ravir, de s'être dans son ensemble si peu prêté à faire de son enseignement le véhicule des passions irréligieuses dont on a voulu le faire un instrument. Beaucoup de professeurs ont préféré la disgrâce, l'oubli des services les mieux constatés, souvent des tracasseries incessantes, au rôle répugnant auquel on voulait les ployer. Ceux dont la conduite a été différente n'ont gagné les faveurs officielles qu'en perdant l'estime de leurs collègues. Cependant les exemples n'en sont pas assez rares pour n'avoir pas inspiré une insurmontable méfiance à nombre de parents chrétiens. Mais en dehors de ce genre de craintes, il reste à considérer combien le rôle du professeur qui donne l'instruction à ses élèves prend dans leur formation morale une importance restreinte comparée à celle du surveillant dont l'action dans l'éducation publique s'exerce presque sans relâche. Est-il cependant une vocation plus ingrate? Livrée à toutes les malices de l'âge sans pitié, mal payée, peu considérée, sans consolations et sans avenir, cette carrière ne peut convenir que si toutes les autres se trouvent fermées. Comment espérer dans de pareilles conditions les garanties que réclamerait un contact incessant et inévitable avec la jeunesse? Il faut l'abnégation absolue qui est la loi du religieux, pour faire accepter de plein gré cette mission peu séduisante, pour l'ennoblir, lui assurer le respect et par là lui acquérir une influence efficace et salutaire. Cela suffit à expliquer pourquoi un père qui a l'ambition la plus légitime de toutes, celle de faire de son fils un homme d'honneur et un homme de bien, n'accorde pas toujours sa confiance à l'éducation des lycées, et préfère souvent les établissements congréganistes, quelles que soient d'ailleurs ses opinions religieuses. Car il est bon de le remarquer, dans les nombreux pays protestants où existent des collèges tenus par les ordres religieux, beaucoup de jeunes gens appartenant à des cultes dissidents reçoivent pour ce motif une éducation donnée par des prêtres catholiques. Il en est de même dans certains pays musulmans. L'intérêt d'une bonne éducation morale fait taire les préjugés de secte et jusqu'au fanatisme des disciples du Coran. Mais ce qui est loisible au citoyen des Etats-Unis ou au sujet du sultan n'est plus permis au père de famille français. Le caprice de nos vizirs en a décidé autrement, ou plutôt ces passions inexorables qui, de la lie du parti républicain, sont montées à la surface et le dominent tout entier.

Après avoir frappé l'enseignement secondaire, il devenait urgent de refondre l'instruction primaire d'après les mêmes principes. La guerre fut déclarée aux écoles congréganistes, mais comme le régime d'autorisation officielle sous lequel elles vivaient ne laissait de prétexte à aucune chicane, on ne procéda pas par mesure générale. Le soin de continuer les hostilités fut abandonné au zèle des républicains les plus ardents de chaque localité : il en est encore aujourd'hui l'emploi le plus habituel.

Il est résulté de ce système de persécution, qui, en prétendant atteindre les écoles tenues par des congrégations religieuses, a voulu proscrire en réalité tout enseignement religieux, un bien singulier effet. C'est que dans le langage républicain l'instruction n'est considérée comme laïque que si elle est ouvertement hostile à tout principe de religion. L'athéisme seul a dans le langage du jour le droit de se dire laïque. Il est des républicains aux yeux desquels des idées ne peuvent passer pour laïques qu'à condition d'être celles qui précédemment n'avaient cours que parmi les habitués des bagnes.

Ce n'était pas tout que de faire la guerre aux écoles congréganistes, il fallait encore, il fallait, surtout, laïciser l'enseignement laïque lui-même, en faire disparaître toute trace de croyances chrétiennes, les considérer comme illicites et délictueuses. C'est à ce but que tous les ressorts de l'autorité ont été tendus, que toutes les ressources de l'espionnage et de la délation ont été mises en œuvre. Dans un pays où bien peu d'hommes osent se dire athées, l'athéisme est devenu une espèce de religion officielle. C'est à son point de vue exclusif que l'éducation publique doit être donnée. Qu'importent le désir, les sentiments, la volonté des parents : le résultat qu'on se propose est de rendre leurs enfants autant que possible hostiles à leurs idées et à leurs croyances. Tant pis pour ce qu'en peuvent penser trente-cinq millions de Français : ce n'est point eux qu'il s'agit de satisfaire ; il faut former les jeunes générations au gré d'une poignée d'hommes qui ne supportent d'autre culte que celui de tous les vices.

Cependant, à des mesures exorbitantes, il est nécessaire de donner une apparence acceptable. Le zèle pour l'instruction du peuple va masquer les combinaisons qui ne tendent qu'à son abrutissement. En principe, l'instruction primaire est devenue obligatoire : en fait, la seule classe qui lui échappait entièrement continue à s'y soustraire. C'est celle qui vit dans le vagabondage et elle devient tous les jours plus nombreuse. Ce qu'on a obtenu, c'est la nécessité imposée aux enfants de passer la presque totalité de leur journée pendant une longue suite d'années dans une école où il leur est presque toujours impossible d'employer la moitié de ce temps d'une façon profitable. Les heures qui ne peuvent être utilisées pour l'enseignement seront employées n'importe comment, fût-ce en exercices bizarres et ridicules, ne laissant ni repos ni répit à l'instituteur. L'essentiel, c'est que les enfants soient retenus le plus possible loin de leurs familles. Ce qu'il faut surtout, c'est les soustraire, autant que faire se peut, à toute éducation religieuse, à toute influence moralisatrice. Ils ne pourront consacrer à s'instruire des principes de la religion que les heures réclamées par le repos.

Quand la conscience courageuse des instituteurs ou la résistance énergique des parents n'y aura pas fait obstacle, ils recevront pour tout enseignement moral les doctrines de libelles dont en tout autre temps les auteurs auraient eu à répondre sur les bancs de la police correctionnelle. Représenter la religion et ses ministres sous le jour le plus odieux, exciter la haine entre les diverses classes de la société, faire haïr le passé de la France pour le plus grand profit de ceux qui veulent en exploiter le présent, telle a été l'œuvre de ces bons citoyens. Les faussetés les plus notoires, celles qu'on ne peut faire passer sous les yeux des lecteurs lettrés sans exciter leurs risées, ont été trouvées assez bonnes pour éclairer l'ignorance populaire. On a compté sur elle, afin de travailler impunément à l'épaissir encore.

L'emploi de tous ces moyens n'a cependant qu'une action limitée. Les ennemis de la religion ne se dissimulent pas que tout le soin pris pour éloigner de son enseignement ou pour semer contre elle des préjugés hostiles vient souvent échouer devant la séduction exercée sur tout cœur honnête par une belle et pure doctrine. Ils savent qu'un seul obstacle réussit ordinairement à former une barrière impénétrable aux influences du christianisme, et c'est en lui qu'ils mettent leur confiance ; c'est la dépravation des mœurs. Ils ont agi suivant leur croyance. Toutes les précautions que les leçons de l'expérience avaient conseillées pour écarter de la jeunesse les dangers d'une corruption précoce, ont fait place à une réglementation calculée dans un tout autre but. La séparation des enfants de différent sexe, les heures de sortie distinctes, qui étaient en usage dans les écoles mixtes, ont été soigneusement prohibées. L'atteinte portée à l'avenir des jeunes générations n'a pas été jugée digne d'être prise en considération. Elles seront sans moralité, cela se peut : eh bien! elles n'en seront que moins cléricales.

Que deviendra cette jeunesse? quelles espérances réalisera-t-elle? Après avoir passé ses plus belles années dans la réclusion d'une oisiveté forcée, imitera-t-elle les habitudes laborieuses de ses pères? contribuera-t-elle par ses vertus et ses travaux à la grandeur nationale? Problèmes redoutables dont nos bons républicains ne se préoccupent pas. Contents des bénéfices du présent, ils n'ont point sollicitude de l'avenir de la France, comme ils n'ont que mépris pour son passé. L'un est pour eux un ennemi vaincu, ils voient dans l'autre l'ennemi destiné à les vaincre.

L'intolérance qui s'empare de l'enfance dans l'espoir de lui faire partager ses passions est odieuse. Plus révoltante encore est celle qui choisit ses victimes parmi les membres les plus infortunés de l'humanité souffrante. La fureur de l'irréligion n'a pas reculé devant un pareil excès. Après avoir laïcisé les écoles, il a fallu appliquer le même système aux hôpitaux, chasser les Sœurs de la Charité du chevet des malades et abandonner ceux-ci aux dangereux hasards de soins mercenaires. Quel ombrage pouvait porter l'admirable dévouement des filles de Saint-Vincent-de-Paul? C'est qu'à défaut de toute exhortation, l'exemple de leurs vertus parlait en faveur de la religion qui en est l'inspiratrice. Il ramenait de plus douces pensées dans l'âme désolée des victimes de l'infortune, réveillait en elles la voix de la conscience et les portait souvent à faire appel à la religion pour consoler leurs derniers instants.

Les sectaires, qui se glorifient d'écarter du lit de mort toute pensée capable d'ouvrir un meilleur horizon, ne pouvaient voir sans indignation une pareille infraction à leurs préceptes. Tout ce qui aurait pu faire naître une pensée religieuse a été banni des asiles de la douleur. L'infortuné que la maladie, la pauvreté, un accident fortuit a réduit à y trouver refuge, voit se multiplier autour de lui les obstacles à l'accomplissement des devoirs de sa religion. S'il n'a été prévoyant, s'il n'a pu expliquer ses intentions, il ne peut en espérer les secours; il n'est jamais certain de les obtenir.

Les Chinois enferment leurs captifs dans des cages hérissées de pointes aiguës et leur font acheter la mort par une longue et douloureuse agonie. Les Peaux-Rouges scalpent leurs prisonniers et en fêtent les tortures par des danses et des chants sauvages. Certains Orientaux empalent leur victime et se réjouissent au spectacle de ses indicibles souffrances. Il était réservé aux républicains français, livrés à des passions fanatiques, d'atteindre jusque dans les profondeurs de l'existence morale les malheureux tombés en leur pouvoir; de monter une garde attentive pour empêcher qu'une parole de consolation, de pardon et d'espérance ne parvienne à leur oreille expirante; de chercher l'occasion d'un triomphe dans les angoisses et le désespoir des mourants.

Si la sombre intolérance qui prévaut dans les rangs du parti républicain ne s'est jamais manifestée d'une manière plus odieuse, elle fait sentir ses effets chaque jour et sur tous les points du territoire par une intervention constante dans la vie privée d'une foule de citoyens. Quel est le fonctionnaire public qui ne courre le risque d'être signalé comme un ennemi du régime existant, s'il laisse voir quelques traces de sympathie pour les croyances de la grande majorité de ses compatriotes ? On pénètre jusqu'au foyer de sa famille, on surveille l'éducation de ses enfants, on espionne l'attitude de ses vieux parents, pour s'assurer qu'aucun indice ne dénote en lui un clérical, c'est-à-dire un des plus dangereux adversaires du système républicain. L'assistance à la messe est devenue, sinon un crime, du moins une démarche éminemment suspecte. Un employé de l'État a démérité s'il remplit une des obligations qu'impose la religion catholique.

Il est vrai que si un député indépendant venait apporter à la tribune quelques plaintes contre le mépris complet où le principe de la liberté de conscience est tombé, le ministre intéressé se hâterait de déclarer qu'il n'y a jamais eu d'exemple d'une pression de ce genre ; il mettrait au défi d'en apporter les preuves ; il protesterait contre l'audace d'une aussi inconcevable calomnie. Le malheur de pareils démentis, c'est qu'ils ne peuvent infirmer l'évidence de faits dont chaque coin de la France est témoin ; à peine existe-t-il un chef-lieu de canton qui n'en ait sous les yeux le spectacle. Il resterait pour toute ressource aux hommes les plus naïfs, les plus confiants en la véracité ministérielle, de se dire en lisant dans leur journal les assurances officielles : « Décidément, il faut être chez nous pour voir une pareille chose ! »

V

Le plus sûr châtiment d'un gouvernement qui déraille hors des voies de la justice et du bon sens, c'est d'être entraîné par ses premiers écarts à de nouvelles entreprises qui ne cessent d'aggraver le mal qu'il s'est fait et d'accroître les répugnances qu'il a soulevées. Il veut tirer vengeance des mécontentements qu'il suscite, et il n'obtient d'autre résultat que de froisser de nouveaux intérêts et de blesser avec plus d'extension l'opinion publique. Cette marche se poursuit sans relâche jusqu'au jour où elle achève de lasser la patience de la plus grande partie de la nation et de soulever un sentiment universel de lassitude et de dégoût.

C'est ainsi qu'après avoir porté la main sur l'enseignement religieux avec le plus complet mépris des règles de la légalité comme des droits des familles, le parti républicain a cru devoir en venir, à titre de corollaire des mesures iniques et violentes où il s'était laissé entraîner, au bouleversement complet de l'ordre judiciaire.

Depuis un siècle tous les peuples de l'Europe civilisée n'ont cessé de faire des efforts pour améliorer l'organisation de leurs tribunaux dans le seul but de donner aux justiciables le plus de garanties possibles d'équité et d'impartialité. Jamais on n'avait vu l'exemple d'une réforme rétrograde, se proposant de retirer la sécurité au public afin de donner plus de chances de succès aux caprices du pouvoir et aux passions des hommes influents. La Turquie seule a toujours maintenu dans ses tribunaux le régime de l'arbitraire, et elle lui doit plus qu'à toute autre cause, plus qu'à son système d'impôts oppressif où à son fanatisme barbare, l'état de désolation sans remède où languissent les provinces de l'empire Ottoman. L'idée de refondre la magistrature française dans le sens du modèle turc n'a pas effrayé nos républicains. Pouvaient-ils endurer des tribunaux se permettant de distinguer l'autorité des lois de celles des décrets ministériels ou des arrêtés préfectoraux? Bien d'autres griefs venaient se joindre à celui-là. Certains républicains trouvaient intolérable de voir des juges donner raison au bon droit d'un conservateur contre les prétentions mal justifiées d'un radical, ou goûter les raisonnements d'un jurisconsulte éminent, mais réactionnaire, au préjudice de l'argumentation d'un avocat aussi médiocre légiste que zélé républicain. De pareils abus avaient prévalu trop longtemps; il fallait y couper court sans retard.

La magistrature a donc subi cette épuration étrange qui consistait à expulser de leurs sièges ceux de ses membres qu'une réputation notoire de capacité, d'intégrité, d'impartialité et l'estime de leurs concitoyens avaient plus spécialement désignés à la proscription. N'était-ce point s'exposer à leur donner souvent pour successeurs ce que la classe des hommes de loi renfermait de plus inepte ou de plus déconsidéré? Cependant la mesure n'a pas porté tous les fruits que la passion républicaine en avait espérés. Il y a encore en France des tribunaux où les règles de l'équité trouvent plus d'accès que les recommandations souterraines ou les fureurs de l'esprit de parti. Il y a des juges éminents qui ont échappé à l'ostracisme parce qu'il ne s'est pas trouvé auprès d'eux un collègue assez infâme pour se faire leur dénonciateur, ou qu'on n'a pas osé braver en les frappant une réprobation universelle. Il est pourtant vrai que l'atteinte la plus grave a été portée à l'indépendance et à la dignité du corps judiciaire et par suite à la confiance et à la sécurité de tous les citoyens. Elle a été profondément ressentie dans toute la classe éclairée, même parmi les honnêtes gens les plus épris des institutions républicaines.

Il faut bien avouer qu'en se montrant hostile aux sentiments religieux le gouvernement ne s'exposait pas à mécontenter beaucoup de membres de son propre parti : le nombre de ceux qui en font hautement profession n'est pas très considérable. Il en est davantage chez lesquels le respect de la légalité et le culte de l'équité ont un véritable empire. Combien ont-ils dû voir avec humiliation et chagrin la République porter la main sur l'indépendance judiciaire que tous les précédents régimes avaient respectée! En froissant ce qu'il y avait de plus estimable chez les républicains, on ne pouvait manquer de déplaire aux hommes, si nombreux en France, dont l'opinion incertaine vacille au vent des circonstances entre les nuages du scepticisme politique. C'est l'esprit régnant du pays de se soumettre sans résistance aux effets d'un régime établi, pour si déplaisants qu'ils lui paraissent, et d'attendre patiemment que l'arbre ait porté ses fruits, quelqu'amers qu'ils puissent être. Mais si son verdict est lent à se former, il est foudroyant dans son expression et irrésistible dans ses suites.

Il a fallu une rare imprévoyance de la part du gouvernement pour blesser aussi profondément le sentiment général. Fier de ses premiers succès, il s'est cru tout permis et semble avoir pris un plaisir spécial à braver l'opinion publique. On pouvait difficilement aller plus loin dans cette voie qu'il ne l'a fait dans le choix de celui qu'il plaçait à la tête de la magistrature renouvelée.

Au milieu des convulsions qui ont suivi l'explosion de la grande Révolution, il s'est trouvé, parmi les acteurs de ce drame inouï, un homme dont la conscience ou les convictions n'avaient jamais eu la prétention de diriger la conduite. Besogneux et cupide, il avait pris la solde des adversaires du parti dans lequel il figurait. Puis, les voyant écrasés, il ne trouva de meilleur moyen pour écarter tout soupçon de connivence vénale, que d'exercer sur les vaincus les plus atroces barbaries. Des vieillards, des ministres de la religion, des femmes furent livrés par milliers au fer d'assassins stipendiés. Ni la faiblesse du sexe, ni la décrépitude de l'âge ne purent désarmer les bourreaux. A défaut de tout grief que l'on pût reprocher aux victimes, leurs vertus suffirent à leur tenir lieu de crime. A de pareils forfaits on ne sut donner qu'une explication et qu'un motif : « De l'audace! encore de l'audace! »

Il nous a été donné d'entendre un ministre de la justice, cherchant à démontrer que, pour satisfaire les caprices du parti dominant, il ne reculerait devant aucune énormité, se placer sous l'égide d'un pareil souvenir et adresser une invocation admiratrice à la mémoire d'un des plus abominables monstres dont l'espèce humaine ait jamais été souillée. « J'entends la grande voix de Danton », s'écriait emphatiquement M. Cazot. Il n'en fallait pas davantage pour lui faire toute une popularité dans les rangs du parti républicain. Aussi quand il a fallu pourvoir à la première magistrature de l'ordre judiciaire, on est allé chercher dans la dernière classe des légistes, parmi ceux qui ne peuvent réussir à se faire une place au barreau, l'homme éminent qui devait servir d'inspirateur et de modèle à tous les tribunaux français. Des répétitions à cinq francs le cachet ont passé pour des états de services suffisants.

Ce serait un trait de mauvais goût que de s'appesantir sur les causes de la retraite qui suivit d'assez près l'incroyable promotion du nouveau Premier Président, et d'exploiter à son préjudice une démission qui mérite d'être inscrite comme étant peut-être la meilleure page de sa carrière publique. Ce que l'on est en droit de se demander, c'est de quel front les artisans de son élévation ont pu réclamer une retraite au nom de scrupules qu'un si grand nombre d'entre eux sont habitués à négliger. N'était-ce pas dans l'espoir de ne jamais rencontrer chez lui un scrupule qu'ils lui avaient donné la préférence ?

Quand les chefs d'un gouvernement prennent l'habitude de braver l'opinion du monde, on ne peut jamais prévoir jusqu'où ce système de conduite les mènera. Après avoir heurté les sentiments d'une moitié de la nation dans l'espoir de satisfaire les passions ou les préjugés de l'autre moitié, ils se mettent à compter pour rien les intérêts et les vœux du peuple presque entier afin de complaire à quelques milliers de partisans. Enfin se persuadant de plus en plus qu'il leur est permis de tout oser, ils en viennent à des actes qui déplaisent au plus haut degré à la totalité du pays pour satisfaire les souhaits d'une demi-douzaine ou, si l'on veut, de deux ou trois douzaines de leurs amis.

Le gouvernement de la République occupe la Tunisie : il n'a pu entreprendre et mener à bien cette opération qu'en faisant au public un mystère de ses projets et les déguisant sous des prétextes qui n'avaient rien de sérieux. En éveillant en France, comme à l'étranger, un sentiment de défiance et d'inquiétude généralement répandu, il avait du moins l'avantage de contenter les Français établis en Algérie ou étant en rapports étroits avec cette colonie. Le succès de l'occupation tunisienne a conduit à la conquête du Tonkin. Dans ce dernier cas, à part le caractère plus onéreux et plus périlleux de l'entreprise, on a sans hésitation laissé de côté le léger obstacle qu'aurait pu faire naître ce fait, que pas un Français sur cent mille, sans distinction de parti ou d'opinion, ne voyait cette expédition avec plaisir. Elle ne convenait qu'à un très petit nombre d'individualités, dont les motifs n'étaient guère de nature à être goûtés du public. Par suite il a fallu faire de cette nouvelle campagne une embûche où le pays s'est trouvé engagé sans l'avoir voulu. Ce qui en est résulté, on ne le sait que trop. On a consommé à petit bruit les millions de la France et le sang de ses soldats pour rester engagé dans la plus dangereuse et la plus inextricable des aventures, quand on pouvait obtenir tous les résultats désirables avec de moindres sacrifices à la condition d'en avouer la nécessité.

Tandis qu'on cachait à la France le dessein d'une guerre dont elle ne voulait pas et où l'on n'était pas en droit de l'engager, on faisait croire aux peuples de l'Extrême-Orient qu'elle était l'ennemie jurée de leur indépendance ; on ne leur laissait entrevoir que la servitude, et l'on obligeait à nous haïr jusqu'à nos plus anciens et plus fidèles alliés. Une pareille politique ne peut enfanter que des désastres. Jamais l'Angleterre n'aurait acquis l'empire des Indes si elle n'avait suivi des principes complètement opposés. Et c'est contre des nations plus étendues, plus compactes, plus énergiques que les peuples de l'Indoustan, d'ailleurs pourvues de tous les engins de destruction les plus récents, qu'on a entamé cette lutte désespérée !

C'est ainsi que la République, annoncée comme devant être le gouvernement du pays par le pays, en est arrivée à un degré d'oubli de tous les vœux, de tous les intérêts, de tous les sentiments de la France entière, que le régime du gouvernement personnel le plus absolu n'aurait pas osé se permettre.

Il y a d'ailleurs vraiment lieu de s'étonner en voyant à quel point le gouvernement parlementaire, dont la raison d'être est dans le besoin qu'éprouve un pays civilisé d'avoir de l'influence sur la conduite de ses propres affaires, parvient facilement à prendre une marche tout à fait contraire au sentiment public, dès qu'il est poussé à un certain degré d'exagération. Les législateurs élus par leurs concitoyens devraient être l'expression exacte des préoccupations, des désirs, des opinions de leurs commettants. A tout le moins pourrait-on espérer qu'ils s'inspirent des besoins, qu'ils défendent les intérêts de la classe dans laquelle on est allé les choisir. L'agriculteur, l'industriel, le commerçant, devraient, à ce qu'il semble, avoir à cœur la cause de l'agriculture, de l'industrie, du commerce. Il en serait peut-être ainsi dans une assemblée siégeant pendant un petit nombre de mois. Mais dans nos Chambres permanentes, le résultat obtenu est complètement opposé. Celui que les suffrages des électeurs ont envoyé prendre place dans nos assemblées souveraines dépouille aussitôt le vieil homme ; il ne reste rien de l'agriculteur, du négociant, du légiste : une rapide métamorphose en a fait exclusivement un homme politique. L'élu d'un pays n'appartient plus à ce pays : il ne représente plus que la caste à laquelle il vient d'être affilié. Vivant sans cesse au milieu d'elle, il se pénètre uniquement de ses idées, de ses préoccupations, de ses préjugés. Les manières de voir propres au milieu d'où il est sorti, lui deviennent promptement étrangères. Confiné dans un cercle restreint d'habitants de la capitale, il cesse de se ressentir des courants d'idées qui soufflent à travers le pays, et perd même souvent la faculté de les comprendre. Les relations qu'il entretient avec ses anciens compatriotes se bornent, pour l'ordinaire, à la fréquentation des solliciteurs, dont les paroles ne traduisent jamais la pensée générale, ou à celle de parents ou d'intimes, autre variété de la même espèce. Le député vient-il passer quelques jours dans son département, il y excite partout l'étonnement : ce n'est plus l'homme qu'on y avait connu. Les théories qu'il émet, les raisonnements auxquels il se livre, plongent ses concitoyens dans la stupéfaction ; par contre, le langage de ces derniers semble n'être plus à la portée de sa compréhension. Un marabout fraîchement débarqué de la Mecque, un mandarin arrivant des provinces intérieures de la Chine, trahiraient seuls une plus complète inintelligence des aspirations du pays, une inaptitude plus absolue à se rendre compte de la direction que prend l'opinion publique. Pour mieux dire, il n'existe plus à ses yeux qu'une opinion digne d'être prise en considération : c'est celle de la coterie politique au milieu de laquelle il s'épanouit, où gravitent toutes ses pensées.

Telle est la maladie qui est devenue endémique dans nos assemblées délibérantes ; jamais elle n'a exercé plus de ravages que dans le parti républicain. Elle peut seule expliquer une partie des écarts où il est tombé. Elle est venue se greffer sur le mal intérieur qui rongeait déjà ce parti, et l'a condamné à suivre avec acharnement un système désastreux que la France fatiguée commence à trouver intolérable.

VI

Les hommes politiques les plus confiants en leur force, les plus certains de n'avoir rien à craindre de leurs ennemis, les plus infatués de leurs succès, conservent cependant un sentiment vague des inconvénients qu'il peut y avoir à froisser trop ouvertement l'opinion du pays. Mais au lieu d'apprendre à garder pour elle quelque ménagement, ils se persuadent bien vite qu'ils peuvent n'en tenir aucun compte, moyennant la tactique qui sait opposer au sentiment général le poids d'une masse d'intérêts particuliers coalisés. C'est l'erreur où n'ont pas manqué de tomber les membres dirigeants du parti républicain. Ils ont cru qu'ils pouvaient se rire des croyances religieuses de la majorité de la nation, du cri des pères de famille menacés dans l'avenir de leurs enfants, de l'inquiétude de tous les hommes soucieux de la bonne administration de la justice, des larmes des mères dont les fils périssaient inutilement sur des rives lointaines et inhospitalières. Ils se sont dit qu'ils réduiraient toutes ces plaintes au silence en flattant les classes ouvrières par de grands travaux publics, en gagnant les ambitieux et apaisant les turbulents par la multiplication des emplois rétribués, en s'asservissant les administrations locales par les dépenses extraordinaires où elles se trouveraient engagées sans pouvoir y faire face autrement qu'avec l'aide des subventions officielles. Ces moyens ont été mis en œuvre sur l'échelle la plus colossale. Il est impossible de nier que ce ne soit avec une sérieuse efficacité. Par malheur, l'emploi de ces expédients menace l'avenir du pays des plus graves dangers, et il a été poussé à un tel excès, qu'il a compromis dès ce jour la sécurité et la prospérité de la situation actuelle.

On a dépensé en grands travaux publics des sommes qui dépassent de beaucoup la rançon payée à l'invasion allemande. Cette nouvelle rançon imposée à la France ne l'a pas affranchie de ce fléau qui semble devenu inhérent à la domination du parti républicain, le sacrifice incessant des intérêts généraux à des visées particulières. On a constitué un nouvel et immense réseau de voies ferrées; elles ont été entreprises avec une telle précipitation que, faute d'en confier l'exécution à des ingénieurs expérimentés, elles ont entraîné une dépense de plusieurs milliards au-dessus des prévisions. Ce n'est pas tout : les tracés ayant été déterminés suivant les intérêts d'hommes de parti et leurs combinaisons électorales, bien plus que par le souci des besoins commerciaux et économiques des contrées à desservir, on a obtenu un labyrinthe de petites lignes dont les capricieux méandres n'ont trop souvent rien de commun avec les voies naturelles qui s'imposent aux besoins du transit. La pensée qui a présidé à ces agencements bizarres restera dans l'avenir un problème insondable pour ceux qui s'efforceront de le pénétrer. Le résultat n'est que trop certain : c'est que, dans une proportion considérable, ces nouvelles lignes resteront à tout jamais improductives, ou ne donneront pas de résultats proportionnés aux capitaux énormes qu'elles ont engloutis.

Ces entreprises ont-elles du moins amélioré sensiblement le sort des classes ouvrières ? En aucune façon. L'influence des grands travaux publics ne peut jamais être que passagère; elle n'a point d'ailleurs l'importance que trop facilement on lui attribue. La plus grande partie de ces ouvrages étant exécutés par des ateliers composés d'ouvriers spéciaux, étrangers pour la plupart à la nationalité française comme aux habitudes sédentaires, les travailleurs des diverses provinces y trouvent rarement une augmentation d'emploi très notable.

La multiplication des emplois publics rétribués mais inutiles, est un bénéfice pour ceux qui en profitent. Elle est le triomphe de l'intérêt individuel sur la cause du bien général. De tous les effets du régime républicain, ce n'est pas celui qu'on eût été le plus légitimement en droit d'en espérer. La théorie du gouvernement du pays par le pays aboutit à un résultat que le programme avait omis de faire pressentir : l'exploitation du pays au profit de quelques-uns.

De tous les procédés politiques employés par le parti de la République, celui qui a été exploité avec le plus brillan succès a été la dépendance étroite qu'on a su imposer aux administrations locales par le développement excessif des dépenses où on a eu l'art de les entraîner. Les hommes d'État républicains n'ont pas l'honneur d'avoir inventé cet ingénieux système ; on ne peut leur refuser le mérite de l'avoir perfectionné en lui donnant une extension jusqu'ici sans précédents. Cela a été assurément la cause la plus active des victoires électorales remportées depuis quelques années par le parti républicain. Elles ont coûté cher à la France. C'est par cette voie que le contribuable a été frappé d'une forte aggravation des impôts directs, pesant lourdement sur l'agriculture aux abois. L'augmentation des charges ne représente encore qu'une faible partie des demandes exercées sur les ressources du pays. Un déficit croissant menace l'avenir des finances publiques. Le budget, démesurément enflé, reste au-dessous de l'énormité des dépenses. Nulle prévoyance ne vient modérer l'entraînement le plus périlleux. Aucun obstacle ne vient le ralentir.

Les hommes d'État du républicanisme n'ont pas voulu être contrariés dans leurs combinaisons. Ils ont su mettre leur politique financière à l'abri de tout contrôle. Les garanties que le régime parlementaire est destiné à fournir à la publicité et à l'examen approfondi des dispositions budgétaires, sont devenues entre leurs mains des armes combinées pour soustraire leurs plans à toute discussion sérieuse, à toute investigation indiscrète. La commission du budget est devenue un antre de mystère d'où tout profane est soigneusement banni. Tout s'y prépare dans le but exclusif de rendre une discussion publique impossible ou illusoire. On a commencé par éliminer jusqu'à l'apparence d'une intervention sérieuse de la part du Sénat, en ne lui accordant que le temps d'un vote ridiculement précipité. Le même procédé s'emploie maintenant avec un égal succès vis-à-vis de la Chambre des députés. Aujourd'hui, en France, la gestion des finances nationales échappe au contrôle de l'opinion publique aussi complètement que sous le régime du gouvernement personnel le moins mitigé.

Si les inspirations de l'opinion générale ont été méprisées, si les intérêts les plus essentiels de la France ont été traités avec dédain, par contre, la classe importante des solliciteurs et des agents électoraux ne s'est pas laissée oublier. Ses inspirations ont été les oracles des meneurs républicains. Leur but a été de recruter une nombreuse clientèle qu'ils ont mise en œuvre, non sans succès, comme l'engin destiné à perpétuer leur domination. L'ensemble des mesures qui tendent à étouffer le cri d'une opinion indépendante sous le concert des voix intéressées et satisfaites a produit une bonne partie des résultats qu'on en attendait. Par malheur, elles ont eu d'autres effets qui n'avaient pas été suffisamment prévus et dont les graves conséquences n'avaient du moins pas été sérieusement calculées.

Absorber toutes les ressources disponibles du pays au profit des intérêts d'un parti; au sein d'une paix profonde engager les ressources de l'avenir à un degré embarrassant pour le présent et désastreux dans l'éventualité d'une crise, c'est là une politique que l'homme d'Etat dévoué aux intérêts de sa patrie ne se permettra jamais. Elle peut cependant obtenir des avantages passagers et ne faire ressentir que par la suite des temps ses funestes conséquences. Encore faut-il, pour cela que les conditions économiques se trouvent favorables. Consommer chaque année un demi-milliard de plus dans les dépenses budgétaires, grever tous les ans le crédit public de deux ou trois cents millions d'un déficit avoué ou déguisé, augmenter à petit bruit les charges du contribuable par l'extension des impôts affectés aux dépenses locales, c'est exercer sur la richesse nationale l'influence la plus épuisante. Les circonstances les plus prospères permettraient à peine de le faire avec impunité.

La situation est aujourd'hui bien loin d'être par elle-même avantageuse pour la France. Les fausses combinaisons économiques du dernier Empire, dont ce régime a eu la chance de ne pas voir les inévitables conséquences peser sur lui, donnent aujourd'hui leurs fruits amers, sans que le pays puisse se soustraire à l'état de choses ruineux auquel on l'a maladroitement rivé. Luttant contre l'importation étrangère plus favorablement traitée que les produits français, supportant le poids d'une disproportion écrasante dans le prix de la main-d'œuvre, le travail national s'amoindrit et se paralyse chaque jour. L'agriculture se décourage, l'industrie se ralentit ou s'éteint, le commerce languit et succombe. Les portions les moins fertiles de notre sol sont menacées d'abandon et de complète stérilité; les manufactures se ferment; le négoce semble destiné à ne plus enrichir que l'étranger. La classe ouvrière, que l'on avait armée de tous les moyens propres à assurer les conditions les plus rémunératrices à son travail, voit les résultats qu'elle avait obtenus retomber sur elle et peser lourdement sur son existence devenue plus précaire. Tous les membres du corps social souffrent d'un mal d'autant plus grave qu'il n'est pas le résultat d'une crise momentanée, mais de causes qui menacent de se perpétuer.

Le régime républicain n'est pas l'unique auteur de cette situation, qu'il a d'ailleurs singulièrement aggravée. En exploitant les ressources publiques sans ménagement et sans limite, il a retiré au pays les moyens les plus efficaces de se défendre contre une concurrence étrangère qui l'écrase et frappe la production nationale de stérilité. Aussi un malaise de plus en plus profond se répand-il de toutes parts, engendrant une lassitude générale et de sourds murmures d'un mauvais présage pour la durée de la domination républicaine.

VII

Sentant la popularité se retirer d'eux chaque jour davantage, les directeurs du parti républicain mettent tout leur espoir dans leur savoir-faire en matière d'élections. Il est vrai que s'il suffisait, pour s'assurer le suffrage des électeurs, d'user sans scrupule de toutes sortes de moyens, le succès devrait leur être acquis. Ils apprendront cependant un jour que certains procédés, victorieux dans les circonstances favorables, ne sont plus doués de la même efficacité en face d'une situation profondément modifiée. Ils seront forcés de reconnaître que la majorité des Français est restée foncièrement conservatrice.

Si les plus récentes élections ont tourné à l'avantage du républicanisme, la principale cause s'en est trouvée dans le découragement complet, dans le mécontentement sans mélange où les masses conservatrices ont été jetées par la conduite des hommes politiques qui ont prétendu les diriger. L'indécision constante, le défaut absolu de plan et de prévoyance, le manque total de sens politique, qui a signalé la marche du parti conservateur depuis 1871, n'a guère laissé à ses adhérents d'autres dispositions que la méfiance et l'inertie. La candidature officielle, telle que l'a pratiquée le ministère du Seize-Mai, est venue aggraver sensiblement le mal. Loin de vouloir exercer une injuste pression sur la liberté des électeurs, le gouvernement d'alors respecta soigneusement envers ses adversaires les règles de la légalité, mais il prétendit se réserver le choix des candidats destinés à réunir les voix de ses amis. Par cette intervention injustifiable autant que maladroite, il se rendit responsable des échecs trop nombreux qu'il attira ainsi au parti conservateur.

Les républicains, qui ont tant affecté de se plaindre du régime du Seize-Mai, n'auraient dû lui porter qu'une profonde reconnaissance. Malgré tout, ils n'avaient obtenu la plupart de leurs succès qu'avec des majorités tellement faibles que le déplacement d'un petit nombre de voix eût suffi à les compromettre. Maîtres du pouvoir, ils adoptèrent des procédés d'élection en tout contraires à ceux dont avaient usé leurs prédécesseurs. Il n'y eut plus de candidats officiels publiquement désignés comme tels. En revanche, tous les fonctionnaires, tous les citoyens qui dépendent, n'importe à quel degré, d'une administration publique, furent discrètement avertis d'avoir à soutenir de leur vote et de leur influence les candidats patronnés par le parti républicain. L'abstention elle-même devait être regardée comme un crime ; un concours trop peu zélé serait déjà punissable. Les services spéciaux de l'administration ou des finances, considérés jusqu'alors comme absolument étrangers au domaine de la politique, n'échappèrent pas plus que les autres à cette redoutable pression. On sait combien sont nombreux en France les électeurs sur lesquels elle peut être exercée. Son influence n'est pas limitée aux titulaires de fonctions publiques: les proches parents des intéressés en supportent indirectement les effets. Ce n'est pas exagérer que de porter à plus du dixième des électeurs inscrits le nombre de ceux qui en subissent forcément l'action.

C'est dans l'aide de pareils moyens que le parti républicain place surtout sa confiance. Leur efficacité ne serait pas douteuse s'il ne s'était fait aucun changement dans l'opinion publique. Jusqu'à présent elle inclinait à laisser le système républicain développer librement ses tendances, se réservant de les juger d'après leurs résultats. Maintenant un mouvement visible s'opère dans les esprits. L'expérience a été faite : elle n'a pas semblé heureuse. La foule innombrable des gens à opinions incertaines s'éloigne chaque jour de la République. Beaucoup d'hommes, parmi ceux-là même qu'avaient séduits les idées républicaines, prennent de plus en plus en dégoût le parti républicain. Il perd rapidement du terrain. Le jour où il sera visiblement ébranlé, la masse flottante ou intéressée que le calcul ou la contrainte amènent seuls à lui donner un appui, se portera d'un autre côté, et la chute de la faction aujourd'hui dominante sera aussi soudaine qu'inévitable.

Il y a, parmi les hommes politiques qui ont le plus contribué au triomphe du républicanisme, des écrivains éminents, de brillants orateurs, parmi eux, celui qui tient aujourd'hui le premier rang à la tribune française, dont le passé est resté pur de toutes les violences et les folies commises depuis sept ans par le parti républicain. Il semblerait que ces précédents seraient un titre à la confiance du pays et pourraient les appeler à rester les maîtres de la situation. La vérité notoire est, cependant, qu'ils n'ont jamais été plus éloignés de la faveur populaire. Peut-être a-t-il dépendu d'eux qu'il en fût autrement. S'ils ne s'étaient pas bornés à se tenir à l'écart des mesures les plus injustifiables, à conserver intacts l'honneur de leurs principes et l'intégrité de leur réputation ; s'ils avaient déployé le drapeau d'un système politique praticable et cohérent ; s'ils avaient mis en œuvre au profit de la justice et du bien public le quart de l'activité et de l'esprit d'organisation qu'ils avaient employés dans leur lutte contre les conservateurs, peut-être la majorité des Français se serait-elle rangée derrière eux. Les masses, au fond conservatrices, mais facilement indécises, l'élément le plus nombreux et le plus puissant dans notre pays, celles qui ont soutenu Lamartine contre Louis Blanc, et Cavaignac contre Ledru-Rollin, auraient également assuré leur triomphe. S'ils avaient seulement compris, au lendemain des élections de 1877, qu'en ne laissant pas annuler sous des prétextes dérisoires la nomination de quatre-vingts députés conservateurs pour les remplacer par les élus de la violence et de la fraude, ils devenaient les arbitres de la situation : leur rôle serait resté prépondérant. Ils ne l'ont pas voulu. En donnant la démonstration de l'honorabilité de leur caractère, ils ont en même temps fourni la preuve de leur impuissance politique. Actuellement, ils constituent encore un groupe académique, ils ont cessé d'être un parti. Ne représentant plus qu'un fantôme dans le monde parlementaire, ils ne sont plus rien pour le reste du pays. Ceux qu'une communauté de principes appelait à être leurs adhérents, s'ils sont restés esclaves de vieilles animosités, soutiennent de leurs votes un radicalisme qui les épouvante et qu'ils détestent ; s'ils savent faire un sacrifice à l'amour du bien public, ils reviennent aux conservateurs.

C'est aux conservateurs qu'appartient l'avenir de la France. Les fautes qu'ils pourraient commettre sont la seule chance qui reste au républicanisme. Qu'ils se montrent unis, résolus, conciliants, désintéressés, le pays est à eux. Qu'ils sachent oublier leurs anciennes divisions, vouloir ce qui est possible, accepter le succès qu'ils peuvent atteindre ensemble, et ne pas le sacrifier à l'éventualité chimérique d'uu triomphe exclusif, mais invraisemblable : la victoire leur est assurée. Quelle terrible responsabilité n'encourraient-ils pas, ceux qui, dans un intérêt de personnes ou de coteries, pour servir des prétentions dont ils savent le succès impossible, perpétueraient les maux dont souffre le pays ! La France ne verrait-elle pas en eux les plus perfides, les plus implacables de ses ennemis ?

Que les conservateurs se préparent sans retard à une lutte électorale d'où dépend le sort de la patrie. Qu'ils confient leurs intérêts à des hommes intelligents et énergiques, autant que possible à des hommes nouveaux. Que le souvenir de fautes passées et de trop longues déceptions ne vienne plus décourager et paralyser les masses conservatrices. Revêtus de la confiance de leurs concitoyens, forts de leurs suffrages, les élus du pays sauront sauver le pays des fléaux qui menacent de l'accabler et assurer son avenir. Ils ne se laisseront pas effrayer par ces barricades légales où le pouvoir en déclin d'une faction décriée cherchera à se retrancher, comme une armée ennemie dans une cité conquise. Ils auront droit à une éternelle reconnaissance, quand la France abattue, tourmentée, appauvrie, humiliée, renaîtra à la joie et à l'espérance et verra enfin reluire des jours meilleurs.

www.ingramcontent.com/pod-product-compliance
Ingram Content Group UK Ltd.
Pitfield, Milton Keynes, MK11 3LW, UK
UKHW020216200726
13856UKWH00004B/1436